AF555285

CHANSONS

NOUVELLES

ET INÉDITES.

Par Deleury

> Ne soyez point ingrats pour nos musettes;
> Songez aux maux que nous adoucissons;
> Pour s'en tenir au lot que vous lui faites,
> Le pauvre peuple a besoin de chansons.
>
> BÉRANGER.

PARIS.

VIEILLOT, ÉDITEUR DE L'ALBUM COMIQUE,
Rue Notre-Dame-de-Nazareth, 32;

ET CHEZ L'AUTEUR,
Rue Picpus, n° 20, faubourg St-Antoine.

AVRIL 1844.

CHANSONS NOUVELLES.

Imprimerie A. FRANÇOIS, rue du Petit-Carreau, 32.

CHANSONS

NOUVELLES

ET INÉDITES,

Par Deleury.

> Ne soyez point ingrats pour nos musettes.
> Songez aux maux que nous adoucissons ;
> Pour s'en tenir au lot que vous lui faites,
> Le pauvre peuple a besoin de chansons.
>
> BÉRANGER.

PARIS,

VIEILLOT, ÉDITEUR DE L'ALBUM COMIQUE,
Rue Notre-Dame-de-Nazareth, 32.

1844.

AVANT-PROPOS.

S'il est vrai, comme on le repète tous les jours, que notre époque est plus occupée d'intérêts matériels que de délassements poétiques, j'ai bien mal choisi le moment pour publier les quelques chansons que j'ai faites ; mais comme ce n'est pas moi qui dirige l'esprit de l'époque ; que c'est moi qui ai fait des chansons, et d'ailleurs ne croyant pas que le peuple chantant ait renié le culte de la divinité, j'éprouve le besoin de me faire connaître de lui ; lui dire que sans encouragements, inconnu, sans conseils, sans protection, je viens, non pas me poser devant lui comme oracle et comme juge, mais comme un jeune novice qui réclame toute son indulgence, qui sollicite ses aveux et ses conseils.

DELEURY.

Paris, 25 mars 1844.

B.R
Lacoste

CHANSONS NOUVELLES.

MARIE.

Air : Vous vieillirez, ô ma belle maîtresse. (Béranger),
Ou : Muse des bois et des plaisirs champêtres.

O toi, Marie, âme candide et pure,
Dont les vertus couronnent vingt printemps,
Rends-moi l'amour, et de ma vie obscure
Fais oublier le rêve des beaux ans.
Pour racheter le plaisir qui s'envole,
Viens ajouter à mes instants trop courts;
Rends-moi mes chants, rends-moi ma gaîté folle,
Rends-moi, Marie, ô! rends-moi mes beaux jours.

De ta clarté, vive et brillante aurore,
Répands sur moi tout l'éclat de tes feux;
Prête à mes jours, que tu feras éclore,
Tout le bonheur que je perds avec eux;
Déjà l'hiver a soufflé sur ma tête,
L'âge rêveur qui me poursuit toujours;
Rends-moi mes chants, rends-moi mes jours de fête;
Rends-moi, Marie, ô! rends-moi mes beaux jours.

Trompeur espoir qui poursuis le bel âge,
Toi qui me fuis emportant mes désirs;
Tu me trompais, mais c'est là ton ouvrage;
Pour t'amuser tu voles nos plaisirs.
Savais-je, hélas! qu'aux charmes de l'enfance
Eût succédé la perte des amours;
Rends-moi mes chants, rends-moi mon espérance,
Rends-moi, Marie, ô! rends-moi mes beaux jours.

Quand abreuvé de ton nectar perfide,
Je m'endormais ivre de tes faveurs,

Croyais-je, amour, que sur un sol aride
Tu m'eus sitôt fait répandre des pleurs;
Si jeune alors, je crus à ta constance,
Combien, hélas! nos beaux rêves sont courts;
Rends-moi mes chants, rends-moi mon innocence,
Rends-moi, Marie, ô! rends-moi mes beaux jours.

Soleil si doux au printemps de la vie,
Par tes rayons fais renaître la fleur,
Fais-la renaître, et sa tige apauvrie
T'échangera le rêve du bonheur;
Bonheur perdu que bientôt la vieillesse
Viendra maudire en répétant toujours :
Rends-moi mes chants, ma joie et ma jeunesse;
Rends-moi, Marie, ô! rends-moi mes beaux jours.

LA TABLE.

Air du Méléagre Champenois.

Amis, la table
Est adorable,
Le jus divin
Dissipe le chagrin;
L'aimable ivresse

Nous dit sans cesse :
Buvez le jour,
La nuit faites l'amour.

Mes bons amis, qu'un repas est aimable
Quand on savoure un bon vin à loisirs,
Si, près de nous une femme adorable
Augmente encor nos amoureux désirs.

Amis, la table
Est adorable,
Le jus divin
Dissipe le chagrin,
L'aimable ivresse
Nous dit sans cesse :
Buvez le jour,
La nuit faites l'amour.

Il faut aimer, disait le bon Ovide ;
A mon avis, l'apôtre avait raison ;
D'un doux nectar Horace était avide,
Et de tous deux, moi, je suis la leçon.

Amis, la table,
Est adorable,
Le jus divin,
Dissipe le chagrin,
L'aimable ivresse
Nous dit sans cesse :
Buvez le jour,
La nuit faites l'amour.

Uu gai repas, simple et sans étiquette,
Comble mes vœux, mon cœur s'épanouit ;
Si j'aime à voir le plaisir dans l'assiette,
J'ai l'univers quand Bacchus me sourit.

Amis, la table
Est adorable,
Le jus divin
Dissipe le chagrin,
L'aimable ivresse
Nous dit sans cesse :
Buvez le jour,
La nuit faites l'amour.

Le plaisir suit une joyeuse ivresse,
Le dieu du vin réchauffe nos amours ;
Près d'une femme oublions la sagesse
A Cupidon offrons nos plus beaux jours.

Amis, la table
Est adorable,
Le jus divin
Dissipe le chagrin,
L'aimable ivresse
Nous dit sans cesse :
Buvez le jour,
La nuit faites l'amour.

Pour moi, la table est un lieu de délices,
Où l'Éternel me nomme souverain ;
J'y sais régner sans feinte, sans caprices,
Au peuple heureux, je chante ce refrain :

Amis, la table
Est adorable,
Le jus divin
Dissipe le chagrin,
L'aimable ivresse
Nous dit sans cesse :
Buvez le jour,
La nuit faites l'amour.

LE JOUR DU MARIAGE.

AIR : Muse des bois et des accords champêtres.

Ma donce amie, un tendre mariage
Vient de sceller notre amoureuse ardeur ;
Ah ! permets-moi d'en retracer l'image,
Je veux chanter moi-même mon bonheur ;
Mais puis-je bien te dévoiler mon âme ;
Non, près de toi, mon cœur trop agité
Ne peut, hélas ! ni te peindre ma flamme,
Ni bien chanter ta douceur, ta bonté.

Dans le trajet d'une courte existence
Où nous devons jouir de nos instants,
Ma chère épouse, offrons à l'espérance
Nos cœurs unis, notre amoureux encens ;
Dans ce riant et pénible voyage
Où nous suivrons les chagrins, les amours,
Je choisirai pour moi les jours d'orage,
Et laisserai pour toi les plus beaux jours.

Parents, amis que notre hymen rassemble,
Et vous, témoins de nos plus doux serments,
Du pur amour nous retraçons l'ensemble;
Voyez en nous les plus heureux amants.
Près de vous tous mon âme s'évapore,
Votre amitié féconde mon ardeur;
Près de vous tous, je le redis encore,
Je sens bien mieux ma gloire et mon bonheur.

Nouveaux parents, famille respectable,
Vous qui mettez votre fille en mes mains,
Je vous promets une amitié durable
Et puis encor les plus heureux destins;
Banissez donc de vos cœurs la tristesse,
Car, s'il faut vivre ou près ou loin de vous,
Je lui rendrai votre douce tendresse
En l'adorant comme un fidèle époux.

LA NOCE.

AIR : Eh ! le cœur à la danse.

Messieurs, offrons à ces époux
Notre plus tendre hommage,
Il n'est point de bonheur plus doux
Qu'un heureux mariage ;
Les charmes de leurs vertus,
Réclament mille tributs.

L'époux permet de rire,
Rions, buvons, chantons, dansons ;
La mariée inspire
L'amour et les chansons.

C'est la simplicité sans art
Qui vient ravir notre âme,
L'amour a-t-il besoin de fard
Quand la vertu l'enflamme ;
Nous, dans nos joyeux accords,
Célébrons leurs doux transports.

L'époux permet de rire,
Rions, buvons, chantons, dansons ;
La mariée inspire
L'amour et les chansons.

L'amour a couronné leur cœur,
L'amitié les enchaîne ;
Chantons aujourd'hui leur bonheur,
Leurs jours seront sans peine ;
Unissons-les pour toujours,
Par les ris et les amours.

L'époux permet de rire,
Rions, buvons, chantons, dansons ;
La mariée inspire
L'amour et les chansons.

Vous, mesdames, auprès de nous
Montrez votre tendresse ;
Aussi présentez aux époux
Vos chants et votre ivresse ;
Avec nous chanter en chœur,
Plaisirs, amour et bonheur.

L'époux permet de rire,
Rions, buvons, chantons, dansons ;
La mariée inspire
L'amour et les chansons.

LE SUICIDE D'UN POLONAIS.

Air : De la Neige.

Il faut mourir dans ce désastre affreux.
« Quoi ! disait-il, moi, héros plein de rage,
Irai survivre, errant et malheureux,
A mon pays sans venger mon outrage. »
Son bras meurtri par le fer et l'airain,
Creuse une fosse en cette terre altière ;
La perfidie a trompé son destin,
Son aigle est mort, et de sa propre main,
Il veut terminer sa carrière. (bis.)

Il résolut par un noble trépas,
De se venger du vainqueur et du traître ;
A sa patrie il n'offre plus son bras,
Car il maudit un détestable maître ;
La liberté ne luira plus pour lui,

Pour s'immoler il apprête son arme ;
Tout l'abandonne, et son plus ferme appui,
Ingrat, confus, lui refuse aujourd'hui
Un regret, une douce larme.

Le glaive libre ouvrit ce noble cœur ;
Son sang rougit cette terre guerrière ;
Son œil parcourt ce vaste champ d'horreur ;
Son sein reçoit une larme dernière ;
Dans son délire il prononce Français.....
Il se relève, il chancelle et retombe ;
Son sang décrit ses immortels regrets ;
Son œil se ferme, il emporte à jamais
Haine et vengeance dans la tombe.

LE GATEAU.

AIR : Tôt, tôt, Carabo.

Pour le jour de ta fête,
Accepte ce gâteau,
Pour cadeau;
Sur ton aimable tête,
Dépose cette fleur,
Que mon cœur
T'offre en ce beau jour,
Dans son tendre amour;
C'est ton fidèle ami,
Qui t'aime encor,
Qui t'aime encor
Davantage aujourd'hui.

J'interroge ma muse
Pour te faire un couplet
De son fait;
L'ingrate me refuse,

Mais mon cœur lui répond :
Tais-toi donc,
Non, ce n'est pas toi,
Je le ferai, moi,
Car c'est mon tendre ami
Que j'aime encor,
Que j'aime encor
Davantage aujourd'hui.

Vite, il cherche une rime,
L'amitié s'offre à lui
Pour appui,
Plus vite accourt l'estime ,
Pour peindre son ardeur,
Cette sœur,
Vient à son secours,
Pour fêter toujours,
Ce bon et tendre ami
Que j'aime encor,
Que j'aime encor
Davantage aujourd'hui.

Sans ma muse quinteuse,
Mon cœur te fait l'envoi
De sa foi;
La jalouse boudeuse,
Se rit de son caquet,
En secret;
Mais mon cœur heureux,
Répète joyeux :
J'embrasse cet ami
Que j'aime encor,
Que j'aime encor
Davantage aujourd'hui.

AVIS AU PEUPLE.

AIR : Non, mes amis, non, je ne veux rien être.

Un bruit s'élève au milieu du rivage,
L'entends-tu bien, toi qu'on tient à l'écart;
Peuple, sans toi, sais-tu que l'on partage
Des biens, des droits, et tu n'as point de part,
Ta voix s'arrête aux degrés d'un collége;
Quoi! point de droits, aux droits que tu conquis.
Relève-toi, viens balayer la neige;
Monte à ton tour; les grands sont trop petits.

Vois s'approcher ces gens d'une autre race,
Auprès de l'urne où les appelle un droit,
Un droit rouillé, que l'avenir efface,
Que ton élu tâche de tenir droit.
L'oppression s'accroche au privilége,
Et dans ton sang elle étouffe tes cris;
Relève-toi, viens balayer la neige;
Monte à ton tour, les grands sont trop petits.

Lui, s'il vivait, l'instituteur d'Emile,
Réformateur de l'ordre social ;
Lui, pauvre aussi, malgré son évangile,
Serait exclu du code électoral,
C'est l'opulent que l'opulent protège ;
De tes labeurs il récolte les fruits ;
Relève-toi, viens balayer la neige,
Monte à ton tour, les grands sont trop petits.

A ta grandeur l'astuce anne tes larmes,
A ton triomphe il mesure tes fers,
Sainte patrie, on méprise tes armes ;
Jadis ton glaive ébranla l'univers ;
La liberté te crie au sacrilège,
Ses fils ingrats mettent sa tête à prix ;
Relève-toi, viens balayer la neige,
Monte à ton tour, les grands sont trop petits.

Vois leur faiblesse insulter ton courage,
Vois les tromper la France et ta vertu ;
Généreux peuple, on ajoute à l'outrage ;
Dis-moi, quand donc te réveilleras-tu ?

Ne fallait-il remonter sur ton siége,
Que pour ramper encor sous leur mépris?
Relève-toi, viens balayer la neige,
Monte à ton tour, les grands sont trop petits.

LE MARIAGE DE MON FILLEUL.

Air : Comme j'aime mon Hyppolite.

Mon filleul prend femme aujourd'hui,
Il la prend jeune, aimable et sage,
Mais l'aura-t-il tout seul pour lui,
Pendant le cours du mariage ?
Sa femme lui dit qu'il sera
L'unique objet que son cœur aime ;
Buvons pendant qu'il le croira, (bis.)
Comme on buvait à son baptême. (bis.)

Il lui sera fidèle époux,
De la vertu c'est le modèle,
Et pour chérir des nœuds si doux,
Sa femme lui sera fidèle ;
Comme son parrain aimera,
Une épouse sans stratagème,
Buvons pendant qu'il le croira,
Comme on buvait à son baptême.

L'amour accomplit ses désirs,
La tendresse seule l'enflamme,
Il tient la coupe des plaisirs,
Et le bonheur glisse en son âme;
Sa femme, qui le chérira,
Ne voudra pas de deuxième;
Buvons pendant qu'il le croira,
Comme on buvait à son baptême.

Célébrons un si doux espoir,
L'amour s'apprête aux sacrifices,
Les jeunes époux dès ce soir,
Sentiront ses douces délices;
L'époux jamais ne dormira,
O plaisirs! ô bonheur suprême!
Buvons pendant qu'il le croira, (bis.)
Comme on buvait à son baptême. (bis.)

JEUNES FILLES.

AIR : Venez, ô mes compagnes.

Laure dans son village,
A l'ombre du bocage,
Aux amants de son âge,
Refuse encor son cœur;
La douce Célinie,
Et l'aimable Marie,
Compagnes sans envie,
Partagent son bonheur.

Venez, jeunes fillettes,
Comme elles rire des amours;
Fuyez les amourettes,
Chantez, dansez toujours.

L'amitié, la tendresse,
Les unira sans cesse;

La joyeuse allégresse
Remplace les amours;
Les chagrins, l'inconstance
Font place à l'espérance,
Et l'aimable innocence
Les charmera toujours.

Venez, jeunes fillettes,
Comme elles rire des amours,
Fuyez les amourettes,
Chantez, dansez toujours.

L'aimable enfantillage,
Les songes du bel âge,
Les plaisirs du village,
Occupent leurs loisirs,
L'innocence et ses charmes
Ne causent pas d'alarmes,
L'amour avec ses armes
N'atteint pas leurs plaisirs.

Venez, jeunes fillettes,
Comme elles rire des amours,
Fuyez les amourettes,
Chantez, dansez toujours.

L'hirondelle s'exile,
Cherche un plus doux asile,
Et l'hiver infertile
Remplace le printemps,
Adieu, parfums de Flore,
L'œillet que Laure adore,
Reviendra-t-il encore
Féconder d'autres champs?

Venez, jeunes fillettes,
Comme elles rire des amours,
Fuyez les amourettes,
Chantez, dansez toujours.

L'amour qui toujours veille,
L'enfance qui sommeille,

D'un mot frappe l'oreille ;
Adieu tous les beaux jours ;
Un seul trait qu'amour lance,
Dérobe à l'innocence,
Ses jeux et sa constance,
Ses plaisirs pour toujours.

Venez, jeunes fillettes,
Comme elles rire des amours,
Fuyez les amourettes,
Chantez, dansez toujours.

ADIEUX A LA CAMPAGNE.

Air de Velléda.

Sur un espoir, un rêve, une chimère,
Je vais quitter des lieux que je chéris,
Je vais quitter et ma pauvre chaumière,
Tous mes parents et mes nombreux amis;
A l'avenir qui me berce peut-être,
Je sacrifie et plaisirs et douceurs,

Je vais quitter les bords qui m'ont vu naître ;
Adieu les bois, les prés, les champs, les fleurs.

Adieu vallons, ruisseaux, vertes campagnes,
Vous qui jadis m'avez vu tant rêver,
Vous redisiez mes accents aux montagnes,
Quand vers Phébus je voulais m'élever ;
De vos flots purs vous m'avez vu repaître
Et m'enivrer du culte des neuf sœurs ;
Je vais quitter les bords qui m'ont vu naître ;
Adieu les bois, les prés, les champs, les fleurs.

Adieu chaumière où j'accordais ma lyre
Pour célébrer des amis que j'aimais,
Sur tes vieux murs quelques-uns viendront lire
Trois pieds d'un vers que je leur destinais ;
Que dis-je, hélas ! ils m'oubliront, peut-être,
L'oubli pourtant est le fils des faux cœurs ;
Je vais quitter les bords qui m'ont vu naître ;
Adieu les bois, les prés, les champs, les fleurs.

Adieu, modeste et chétive couchette,
Où sommeillant, je rêvais d'heureux jours ;
Combien de fois ma lyre et ma musette
Ont sur ta paille embelli mes amours ;
Ces dieux alors accouraient m'apparaître,
Pourquoi m'ont-ils retiré leurs faveurs ?
Je vais quitter les bords qui m'ont vu naitre ;
Adieu les bois, les prés, les champs, les fleurs.

Si quelque jour, dans ce pauvre domaine,
Je revenais moins pauvre et quoique vieux,
Avec ivresse, à l'ombre du grand chêne,
Je redirais ce chant mélodieux :
Les plaisirs purs sont sous le toit champêtre,
Là les amis ne sont pas des trompeurs ;
Même en mourant, aux bords qui m'ont vu naitre,
Je chérirai les bois, les champs, les fleurs.

MA NAISSANCE.

Air : Cette France, quoique l'on pense.

Quand la tricolore bannière
Frappait de stupeur tous les rois,
Moi, je naquis dans la misère
En février mil huit cent trois ; (bis.)
J'eus pour bourlet dans ma couchette
Un bonnet de la liberté,
Et c'est au son de la trompette
Qu'on cultiva ma probité.

Dans la foule,
Sur cette boule,
Pauvre, joyeux je fus jeté ;
Dieu m'a dit que j'aurais chanté
La patrie et la liberté.

Au bruit des tambours, des fanfares,
Un cri mille fois répété,

Vint dans ces libres tintamarres
Ennoblir ma nativité ;
La France, aux pieds de la victoire,
Célébrait des faits éclatans,
Et du baptême de la gloire,
Elle couronnait ses enfans.

Dans la foule,
Sur cette boule,
Pauvre, joyeux je fus jeté,
Dieu m'a dit que j'aurais chanté
La patrie et la liberté.

Alors on fatiguait l'histoire,
A raconter nos grands exploits,
La liberté portait la gloire
Jusque dans les palais des rois;
Sa lueur pénétra mon chaume ;
Que son éclat me parut beau !
Hélas! ce n'était qu'un fantôme
Qui s'éclipsa dans un tombeau.

Dans la foule,
Sur cette boule,
Pauvre, joyeux je fus jeté,
Dieu m'a dit que j'aurais chanté
La patrie et la liberté.

Aux bords du Danube et du Tibre,
L'étendard de la liberté
Sapait des trônes l'équilibre,
Par sa noble célébrité,
Le sceptre de la tyrannie
Se brisait sur son droit divin,
Et sur l'autel de la patrie
On chantait un autre destin.

Dans la foule,
Sur cette boule,
Pauvre, joyeux je fus jeté,
Dieu m'a dit que j'aurais chanté
La patrie et la liberté.

Sur un grabat Dieu me fit naître ;
Jeune, j'eus l'amour des chansons,
Aussi, dans mon réduit champêtre,
Un luth redira tous mes sons ;
Ils seront tous pour la patrie,
Elle guidera mes pinceaux,
Car de la liberté flétrie
J'ai ramassé quelques rameaux.

Dans la foule,
Sur cette boule,
Pauvre, joyeux je fus jeté,
Dieu m'a dit que j'aurais chanté
La patrie et la liberté.

LE JOUR DE FÊTE.

Air : Est-y Jocrisse, c'pauvre Colas.

Que j'aspirais ce jour de fête ;
Ah ! grand Dieu, pourtant le voici ;
J'en aurai par dessus la tête,
Je suis déjà bien, Dieu merci ;
Comme Grégoire, moi, j'entonne ;
De notre ami, vive le vin.

Qu'il le fasse apporter par tonne,
Nous en boirons jusqu'à demain,
Qu'il le fasse apporter par tonne,
Nous en boirons jusqu'à demain.

A chaque plat, sur cette table,
Je sens mon ventre s'élargir ;
Avec plaisir encor je sable,
Ce vin fait pour nous égayr,
Et mon voisin qui m'environne,
Répète avec moi ce refrain :
Qu'on le fasse apporter par tonne,
Nous en boirons jusqu'à demain.
Qu'on le fasse apporter par tonne,
Nous en boirons jusqu'à demain.

Grand Dieu ! quel repas agréable,
Chacun de nous s'y trouve au mieux,
Tout est si bon, si délectable,
Qu'on se croit au dîner des dieux;
Joyeux, notre hôte nous ordonne

De savourer ce jus divin ;
Qu'il le fasse apporter par tonne,
Nous en boirons jusqu'à demain,
Qu'il le fasse apporter par tonne,
Nous en boirons jusqu'à demain.

L'ADJOINT DE CAMPAGNE.

Air : C'est le roi Dagobert.

Monsieur le sous-préfet,
Dieu ! quel honneur vous m'avez fait ;
Je suis du maire adjoint,
Je veux l'obéir en tout point ;

Qu'il est grand pour moi,
D'être, au nom du roi,
Le premier valet
D'un si grand sujet.
Ah ! monsieur, quel honneur,
Je suis votre humble serviteur.

Le monde me disait
Que je suis sage, et qu'on devait
M'élever un beau jour
Jusqu'au degré d'homme de cour,
Et grâce au milieu,
Me voici, morbleu !
Second magistrat
D'un rural sénat.
Ah ! monsieur, quel honneur,
Je suis votre humble serviteur.

Je ne suis point profond,
A peine écris-je bien mon nom ;
Qu'importe des prélats,
Des préfets plus n'en savent pas.

Combien d'ignorants,
Sont pourtant bien grands,
Les hommes instruits
Restent tout petits.
Ah ! monsieur, quel honneur,
Je suis votre humble serviteur.

Pour faire mon devoir,
J'organise mon encensoir,
Car les biens, les honneurs
Ne sont que pour les encenseurs ;
Je veux m'abaisser,
Pour mieux encenser,
Et j'encenserai
Tant que je pourrai.
Ah ! monsieur, quel honneur,
Je suis votre humble serviteur.

Je suis pour les impôts,
Pour la police et ses suppôts,

Et j'aurai des égards
Pour les espions, les mouchards;
Ce sont vos commis,
Ils sont mes amis,
Et comme eux, surtout,
Je suis propre à tout,
Ah ! monsieur, quel honneur,
Je suis votre humble serviteur.

Conseil municipal,
Va, ne me crois plus ton égal;
Surtout respecte-moi,
Je suis adjoint de par le roi;
Je suis ton soutien,
Sans moi tu n'es rien;
J'ai su parvenir,
Tu dois m'obéir.
Ah ! monsieur, quel honneur,
Je suis votre humble serviteur.

COUPLET.

AIR : Suzon sortant de son village.

Sur des roses l'amour sommeille,
Il vient de quitter mon réduit ;
Gare à qui frappe son oreille,
Car il s'éveille au moindre bruit ;
Epoux modestes,
Beautés célestes,
Surtout fermez vos fragiles rideaux,
Craignez ses armes,
Soignez vos charmes,
Il vous prendrait dans ses rusés pipeaux ;
Encor s'il ne faisait que rire,
Mais il se moque des refus,
Et le malin fait toujours plus
Que je n'ose vous dire.

LA VIEILLE GLOIRE.

Air : Peut-on savoir où Dieu nous conduira.

Ces jours sont loin où la trompe sonore
Chez l'étranger vous menait en vainqueurs ;
Les nations du couchant à l'aurore

Ceignaient vos fronts de lauriers et de fleurs.
Nobles vaincus, vieux soldats de la Loire,
Un ciel plus pur un jour devait briller ;
Ah ! parlez-nous de votre vieille gloire, (bis.)
Un jour aussi nous faudra batailler. (bis.)

Vous avez vu cent fois gronder l'orage,
Cent fois le monde a tremblé sous vos pas ;
Comme l'éclair qui jaillit d'un nuage,
Vous franchissiez les plus lointains climats.
La renommée attachait à l'histoire
Ces belles fleurs qu'on tente d'effeuiller ;
Ah ! parlez-nous de votre vieille gloire,
Un jour aussi nous faudra batailler.

Fameux vainqueurs des rois et des empires,
De votre culte, hélas ! qu'est-il resté ?
De votre sang s'abreuvent des vampires,
Qui n'ont pour dieux que la déloyauté ;
Votre credo rayé de leur mémoire
N'est plus qu'un mot qu'ils ont osé souiller ;

Ah ! parlez-nous de votre vieille gloire,
Un jour aussi nous faudra batailler.

Mais tout succombe, et la France aux alarmes
Tristement vient se courber sous des fers ;
La liberté s'éclipse avec vos armes,
Ne vous laissant que d'orgueilleux revers ;
La France tombe, et des rois sans mémoire
De ses grandeurs viennent la dépouiller ;
Ah ! parlez-nous de votre vieille gloire,
Un jour aussi nous faudra batailler.

Sur le parjure un trône usé se brise,
Tremblez, tyrans, les peuples sont pour nous ;
La France est libre et l'Europe surprise
Voit le soleil qui va luire pour tous ;
Ils sont tombés ces fils de la victoire,
Mais l'avenir accourt les réveiller ;
Ah ! parlez-nous de votre vieille gloire,
Un jour aussi nous faudra batailler.

LE CONVIVE.

AIR : L'ombre s'évapore
Ou : de Waterloo.

Il faut que je vive
En joyeux convive,
Prêt à tout qui vive,
Je réponds soudain ;
Sans soucis je mange,
Je bois, je ne change,
O ! bonheur étrange,
Je vis sans chagrin.

Bacchus à l'oreille,
Tout bas me conseille,
Près de la bouteille.
De filer mes jours ;
Le plaisir invite,
Et mon cœur palpite
Quand j'ai la visite
Des joyeux amours,

L'amour m'aiguillonne,
La vertu m'ordonne,
Près d'une friponne,
D'être plus discret ;
Mais quoiqu'elle dise,
Une gaillardise,
Toujours autorise
Un gai quolibet.

Mais ici l'on dîne,
Près de ma voisine,
L'amour me lutine,
De mon petit coin
Je vois qu'on me guette;
Que l'on s'inquiète
D'une chansonnette
D'un ton libertin.

Couleur d'écarlate,
Du vin qui frelate,

A table nous flatte,
Buvons à loisir ;
Faisons bonne chère,
Car sur cette terre
On n'a que misère
Au lieu de plaisir.

Sur ma paille fraîche,
Je bénis ma crèche,
Jamais je ne pêche,
Sinon pour l'amour ;
La face rougie,
La panse élargie,
Je suis sans envie,
Sans aucun détour.

Déjà le vieil âge,
Fait sur mon visage,
Sillonner l'orage,
Du lourd poids des ans ;
De rudes tempêtes,
Grondent sur nos têtes,

Et toutes nos fêtes
S'en vont pour longtemps.

Chanter, rire à table,
Près de femme aimable,
Trouver agréable
Voisine ou voisin;
Manger, rire et boire,
Trinquer à l'histoire
De la vieille gloire,
Voilà mon refrain.

CONSEILS A MA MUSE.

AIR : Tout le long de la rivière.

Muse, pourquoi vous tourmenter,
Les abus il faut supporter,
Les trois quarts du monde ils font vivre;
Cessez, cessez de les poursuivre,
Vous faites mon esprit méchant;
Tout me haïi, le petit le grand ;
Quittez, quittez la mauvaise satire ;
Taisez-vous donc ou vous me ferez maudire,
Taisez-vous, vous me ferez maudire.

Rimez, puisque c'est votre goût,
Mais prenez garde à vous surtout ;
L'ours est sorti de sa tanière ;
Voyez ses dents et sa crinière,
Il pourrait vous croquer les doigts
Si vous lui parliez de vos droits,
Et puis encor on pourrait vous proscrire ;

Taisez-vous donc ou vous me ferez maudire,
Taisez-vous, vous me ferez maudire.

Chantez Bacchus et ses plaisirs,
Ne parlez plus de vos désirs;
Semez de vives étincelles,
De l'amour soulevez les ailes,
Car votre charte de juillet,
On brûle le dernier feuillet;
La pauvre idole endure le martyre;
Taisez-vous donc ou vous me ferez maudire,
Taisez-vous, vous me ferez maudire.

N'écrivez plus républicain,
Ce mot du crime est le cousin,
Pour ce mot seul c'est la potence;
Point de pardon, point de clémence,
Guizot et le fervent milieu
Sont d'accord pour le mettre au feu;
La violence a repris son empire,
Taisez-vous donc ou vous me ferez maudire,
Taisez-vous, vous me ferez maudire.

Aux jésuites laissez l'espoir
De sanctifier le pouvoir;
La charte n'est qu'un catéchisme
Où s'exerce le jésuitisme,
Et le vrai soutien de l'État
Reprend son saint et noble éclat;
Contre vos droits on sait que tout conspire;
Taisez-vous donc ou vous me ferez maudire,
Taisez-vous, vous me ferez maudire.

LES JEUNES AMOURS.

Air : C'est le gros Thomas.

Ou : de Mme Grégoire.

C'était un beau temps,
Que le temps de notre innocence,

6

Nous avions quinze ans
Lorsque nous nous aimions, Florence;
Dans nos joyeux amours
Nous comptions d'heureux jours;
Esclave, je portais tes chaînes,
J'étais sans chagrins et sans peines,
Ah! qu'on est heureux
Quand on est amoureux.

Bientôt des jaloux
Te dirent que j'étais volage,
Dieu! que leur courroux
Me fit tort dans notre village;
Mais tu m'aimais si bien
Que je ne craignais rien;
Coupable ou non, nulle menace,
Car avant j'obtenais ma grâce.
Ah! qu'on est heureux
Quand on est amoureux.

Le soir d'un beau jour,
A l'ombre d'un épais feuillage,

Sans bruit d'alentour
Je voulus cesser d'être sage,
Ton regard sérieux
Me fit baisser les yeux;
Honteux, je restais immobile,
Mais si j'eus été moins docile....
Ah! qu'on est heureux
Quand on est amoureux.

Si j'avais osé
Dieu sait ce que j'aurais pu faire;
Plus vieux et rusé,
J'aurais souri de ta colère,
Que de regrets pourtant
De rester innocent
Que dans tes bras la douce gloire
Me promettait une victoire;
Ah! qu'on est heureux
Quand on est amoureux.

Ce temps est passé,
Déjà j'entends sonner l'horloge,

Aux bords du fossé
J'arrive, il faut que je déloge.
Adieu, jeunes amours,
Adieu tous nos beaux jours,
Je ris, et pourtant je m'apprête,
En courant gaîment je répète :
Ah ! qu'on est heureux
Quand on est amoureux.

AVIS A MON FILS,

AGÉ DE TROIS ANS.

Air d'Octavie.

Viens, donc, mon fils, dans les bras de ton père,
Viens, mon enfant, te presser sur mon cœur ;

Echappe-toi des genoux de ta mère,
Viens sur les miens changer une douceur.

Tu me rendras un jour cette tendresse
Que je prodigue avec tant de plaisir,
Comme ton père, un jour avec ivresse,
Les tiens sauront comme on doit te chérir.

Il est si doux de te voir à ton âge,
Courir, chanter, sauter et folâtrer ;
Je me souris quand j'entends le langage
Que la raison déjà vient t'inspirer.

Déjà tu sens les avis de ton père,
Et je jouis de mes heureux souhaits;
Je suis heureux, car bientôt, je l'espère,
Tu me rendras le prix de mes bienfaits.

Tu vas quitter ton aimable innocence,
Ton cœur aspire un plus sage bonheur ;

Dans le chemin d'une douce existence
Que la vertu soit ton régulateur.

Ne change point, mon enfant, de bannière,
Sois le soutien de notre liberté,
Et souviens-toi que dans l'humble chaumière
Elle anoblit aussi la pauvreté.

Viens donc, mon fils, dans les bras de ton père,
Viens, mon enfant, te presser sur mon cœur,
Echappe-toi des genoux de ta mère,
Viens sur les miens changer une douceur.

Si ton pays réclame ton courage,
Ose affronter les risques, les dangers,
Plutôt mourir au milieu du carnage
Que de souffrir chez toi les étrangers.

Les droits du peuple aiguiseront ton arme,
Enfant du peuple, ah ! tu dois le chérir ;

Si la patrie un jour est en alarme
Ne confonds pas celui qu'il faut servir.

Si l'équité limite tes frontières,
Reviens, mon fils, au foyer paternel ;
La liberté ne connait que des frères,
L'égalité ne veut qu'un seul autel.

Sous ton vieux chaume, en son pauvre village,
Que la vertu dirige ton bon cœur ;
Du citoyen c'est l'unique apanage
C'est le tableau du solide bonheur.

Sois généreux, bon, bienfaisant, sincère,
De l'orphelin tu seras le soutien,
Et si l'hymen te fait quelque jour père
Dis à ton fils ce que je dis au mien :

Viens donc, mon fils, dans les bras de ton père,
Viens, mon enfant, te presser sur mon cœur ;

Echappe-toi des genoux de ta mère,
Viens sur les miens changer une douceur.

Pour être en paix avec ta conscience,
Ne faut avoir qu'un ferme sentiment,
Bien des chagrins suivent l'indifférence;
Une foi double enfante le tourment.

En te créant, la nature, ta mère,
Ne voulut point te donner d'autre loi
Que d'être juste, et c'est son seul mystère;
Un vaste esprit n'a jamais d'autre foi.

Sois philosophe, exerce ton génie,
Sois franc et vrai, sans fiel et sans courroux,
Laisse l'orgueil se plaire avec l'envie,
De l'homme seul il faut être jaloux.

Le sang bouillant d'une ardente jeunesse
Conduit souvent à la présomption,

Et le défaut passe pour la sagesse
Quand on ne suit que son ambition.

Tu rempliras l'honorable carrière
D'un bon ami, d'un brave citoyen,
Fuis de l'amour la passion amère,
De la candeur resserre le lien.

Viens donc, mon fils, dans les bras de ton père,
Viens, mon enfant, te presser sur mon cœur,
Echappe-toi des genoux de ta mère,
Viens sur les miens changer une douceur.

MA FÊTE.

AIR : Contentons-nous d'une simple bouteille.

Pourquoi ces fleurs? est-ce aujourd'hui ma fête?
Oui, vos souhaits, hier, me l'ont annoncé,
Le temps encor vient couronner ma tête
De ce lilas que l'amour a tressé,
Toujours, amis, ma fête, sera belle,
Quand l'amitié s'apprête à l'embellir;
D'un plaisir pur, oui, mon âme étincelle,
Non, l'amitié ne peut jamais vieillir.

A cette table où le cœur vous convie,
Où la gaîté près de vous vient s'asseoir,
Un défenseur de l'antique patrie
Nous parle encor de bonheur et d'espoir;
A son vieux culte il est resté fidèle,
Jeune, il m'apprit à l'aimer, le chérir,
D'un plaisir pur, oui, mon âme étincelle;
Non, l'amitié ne peut jamais vieillir.

Le temps jaloux nous poursuit et nous presse,
Il vient voler jusqu'à nos chers instants,
Bientôt, hélas ! l'âge de la vieillesse
Sur nous viendra souffler le poids des ans ;
Attendrons-nous, amis, l'âge infidèle
Pour nous aimer, chanter, rire et jouir,
D'un plaisir pur, oui, mon âme étincelle,
Non, l'amitié ne peut jamais vieillir.

Offrons, amis, offrons à la jeunesse
Tous les plaisirs auprès d'elle en crédit ;
Le vin nous flatte et l'amour nous caresse,
Le vrai bonheur avec eux nous sourit,
Confions-leur notre faible nacelle
Et tarissons la coupe du plaisir ;
D'un plaisir pur, oui, mon âme étincelle ;
Non, l'amitié ne peut jamais vieillir.

LE DINER DU BAPTÊME.

AIR : Tout le long de la rivière.

Pour rajeunir ses cheveux blancs,
Notre ami se fait des enfants.
Que de lui ce soit ou d'un autre,
Ne cherchons pas qui fut l'apôtre,
Bien que l'on tienne à la façon
D'une fillette ou d'un garçon,
Il est encor autre chose qu'on aime,
C'est, mes amis, le dîner du baptême
Amis, c'est le dîner du baptême.

Mais il est pourtant vrai, dit-on,
Qu'il est le faiseur tout de bon,
Du moins sa femme, la première,
Atteste à tous qu'il est le père,
Nous le croyons, mais entre nous,
Que ne fait-on croire aux époux ;

Mais prenez garde on songe au deuxième,
Car nous aimons le dîner du baptême,
Nous aimons le dîner du baptême.

On n'aime pas ces durs époux
Qui de leurs amis sont jaloux;
Ici tout est d'heureux présage,
On ne met point la poule en cage,
Aussi le parrain le sait bien,
Il cherche autre nid que le sien;
Pondez, couvez ailleurs que chez vous-même,
Car nous aimons le dîner du baptême,
Nous aimons le dîner du baptême.

L'on croit fidèle sa Ninon,
Pour un ange on prend un démon;
On vous prodigue des caresses,
Et des serments, et des promesses,
On y croit même on est heureux,
Mais l'amour triche à tous les jeux;

Ne trichez pas, c'est une loi suprême,
Car nous aimons le dîner du baptême,
Nous aimons le dîner du baptême.

De tous les tours faits à l'hymen,
Plus tard l'amour s'en venge bien,
Jadis vous fûtes ses apôtres,
Aujourd'hui s'il n'est plus des vôtres
Il s'en prend au titre d'époux,
Puisqu'il ne peut plus rien pour vous,
Et dans vos champs faut bien que l'amour sème,
Car nous aimons le dîner du baptême,
Nous aimons le dîner du baptême.

SOIXANTE ANS.

AIR : En passant près d'un cimetière.

Naissez mes vers, naissez encore,
Tracez sous ma tremblante main
Des vertus que ma muse adore,
A Thuillez donnez un refrain,
Pour son amour et sa tendresse
Elevez vos tendres accents.
Chantez sa bonté, sa sagesse,
Sa belle âme et ses soixante ans.

Comme aux cieux un léger nuage
Semble cacher d'autres clartés,
Les rides, ces signes de l'âge,
Lui redonnent d'autres beautés,
En vain l'âge le décolore
Par le nombre de ses printemps ;
Sa belle âme est plus douce encore
Sous le voile de soixante ans.

Sensible épouse, heureuse mère,
Ma muse sait ce que tu vaux ;
Mais ta bonté pure et sincère
Demande de plus doux échos,
Ma plume ne peut te décrire
Pour tes bienfaits ce que je sens ;
Hélas ! je me tais et j'admire
Ta belle âme et tes soixante ans.

L'ARRIVÉE DU NOUVEAU CURÉ

Chantée par deux petites filles.

Air : N'entends-tu pas de la Montagne?

Nos cœurs tressaillent d'allégresse,
Un cri s'élève parmi nous,

Ce cri nous comblera d'ivresse,
Car il vient nous consoler tous ;
Déjà la riante espérance
S'offre à nous sans aucun détour,
Auprès de nous Fossé s'avance,
Il vient recueillir notre amour.

Son cœur, loyal, bon et sincère,
Nous a déjà parlé pour lui,
Il nous aimera comme un père,
Partout il sera notre appui ;
Dans ses vertus et dans ses charmes
Nous puiserons le doux bonheur,
Il vient pour essuyer nos larmes,
Il vient pour former notre cœur.

Soumis d'avance à sa sagesse,
Nous en recueillerons le fruit,
Il soutiendra notre faiblesse,
Contre le mal qui nous séduit ;
Comme une rosée abondante
Rafraîchit la naissante fleur,

Sa voix lumineuse et touchante
Fécondera notre ferveur.

Pieux pasteur, reçois l'hommage
Que l'innocence vient t'offrir,
A tes genoux, ministre sage,
Oui, nous jurons de t'obéir ;
Notre offrande est pure et sincère,
Tu peux compter sur nos serments ;
Nous t'aimerons comme un bon père,
Nous voulons être tes enfants.

LE BREVET.

AIR : Ah ! bonne vieille, au coin d'un feu paisible.
(BÉRANGER.)

Pauvre brevet, acquis par tant de peines,
Un vain succès couronne ton vainqueur ;
Sur un lutrin à chanter des antiennes,
Ton maitre, hélas ! méconnait ta valeur ;
Sous le surplis, manteau de l'hypocrite,
Mon bon ami, le pied dans un sabot,
Ira porter aux dévots l'eau bénite (1)
Et puis sera le valet de Pruvost. (2)

Te fallait-il, sur les bancs d'une école,
T'asseoir vingt ans pour un noble métier,
Etre savant et brosser une étole,
Y penses-tu, mon brave Truffier.

(1) Dans plusieurs endroits du nord, le magister porte l'eau bénite le dimanche dans chaque maison, et on lui donne du pain en échange.

(2) Le curé.

De ton esprit, tu changes le mérite,
Je sais pourtant que tu n'es pas un sot;
Mais pour porter aux dévots l'eau bénite,
Faut être sot, et si sot que Pruvost.

Quoi ! je verrais sur ton dos la besace,
Le goupillon dans ta dévote main,
Dire *asperges* en faisant la grimace,
Et pour aumône une croûte de pain.
Ah ! mon ami, ton âme est bien petite;
Je suis trompé, pour tout dire en un mot,
Car pour porter aux dévots l'eau bénite,
Faut être sot, et si sot que Pruvost.

SAINTE-ANNE

OU

Le 28 Juillet.

Air : A la façon de Barbari.

Le savez-vous, mes bons amis,
Sainte-Anne est la marraine
De tous les gens qu'on a commis
Pour river votre chaine ;
Les moissonneurs de vos lauriers,
La faridondaine,
Nos grands usuriers,
Tout cela fait fête aujourd'hui,
Biribi,
Pour la façon de Barbari,
Mon ami.

Déjà j'entends le carillon
Pour la grande semaine,

Sa majesté, cher Bouquillon,
Redevient citoyenne,
Voici les jours où ton drapeau,
La faridondaine,
Reparut si beau,
Ils ne l'ont pas du tout sali,
Biribi,
Par la façon de Barbari,
Mon ami.

Sainte-Anne, de nos trois grands jours,
Est la première antienne ;
Notre Charte existe toujours,
Quoique peu l'on y tienne,
Mais Guizot sait rendre à l'État,
La faridondaine,
Son antique éclat,
De notre honneur il est l'appui,
Biribi,
A la façon de Barbari,
Mon ami,

A la gloire de nos élus,
Réchauffons notre veine,
De la nôtre on ne parle plus,
Et de la Parisienne
On en a fait un martinet,
La faridondaine,
Pour fesser juillet,
La Marseillaise attend aussi,
Biribi,
Par la façon de Barbari,
Mon ami.

L'ENFANT A SA MAMAN

POUR LE JOUR DE SA FÊTE.

AIR : Au clair de la lune.

Au jour de ta fête,
Maman, ton époux,
Veut parer ta tête
De ces œillets doux ;
Reçois cet hommage
Que t'offre mon cœur,
C'est le tendre gage
De notre bonheur.

A l'anniversaire
D'un aussi beau jour,
Je veux pour te plaire,
T'offrir mon amour ;

Sur ton sein dépose
Ces aimables fleurs,
Je sais que la rose
Obtient tes faveurs.

Tout ici révère
Ton nom précieux;
Ah! ma bonne mère,
Quel jour radieux;
Lis dans ma jeune âme,
Mes heureux désirs,
La tendresse enflamme
Mes charmants plaisirs.

Accepte la rose
Signe de candeur,
Quoiqu'à peine éclose,
Je l'offre à ton cœur;
Dans mon innocence
Je veux, pour ton jour,
Te donner l'essence
Du plus pur amour.

L'amour me commande
Ce doux entretien;
Toi, pour mon offrande,
Ne me dois-tu rien;
Ah! maman, de grâce,
Donne-moi ton cœur;
Ce plaisir efface
Tout autre bonheur.

LE CHANTEUR.

AIR : Vive l'enfer où nous irons.

Au cabaret, gais biberons,
Venez boire
A la gloire
De nos auteurs francs et lurons,
Et comme eux, toujours, nous serons
Ronds.

Versez, versons,
Qu'en chansons
Luronnes sans façons
L'on charme nos oreilles ;
Que tout buveur,
Tout chanteur,
Fumeur, consommateur,
Compte au moins vingt bouteilles.

Au cabaret, gais biberons,
Venez boire
A la gloire
De nos auteurs francs et lurons,
Et comme eux, toujours, nous serons
Ronds.

A verre plein,
De ce vin
Que chaque bout-en-train
Boive jusqu'à l'aurore;
Plus amoureux,
Plus joyeux,
Et plus voluptueux,
L'amour y gagne encore.

Au cabaret, gais biberons,
Venez boire
A la gloire
De nos auteurs francs et lurons,
Et comme eux, toujours, nous serons
Ronds.

Applaudissons
Leurs leçons,
Vidons et remplissons
Nos bouteilles, nos verres,
Bien ou mal mis,
Tous amis,
Près d'une table assis,
Tous les buveurs sont frères.

Au cabaret, gais biberons,
Venez boire
A la gloire
De nos auteurs francs et lurons,
Et comme eux, toujours, nous serons
Ronds.

Agioteurs,
Tripoteurs,
Ministres corrupteurs,
Ne craignez plus d'entraves,
Les bons élus
N'auront plus

Que des veux pour Bacchus,
Dont ils sont les esclaves.

Au cabaret, gais biberons,
Venez boire
A la gloire
De nos auteurs francs et lurons,
Et comme eux, toujours, nous serons
Ronds.

En vers gaillards,
Goguenards,
Rions de nos brâillards
Grands faiseurs de bastilles;
Chansonnons les
Grands valets,
Qui, pour tous nos couplets,
Bientôt feront des grilles;

Au cabaret, gais biberons,
Venez boire

A la gloire
De nos auteurs francs et lurons,
Et comme eux, toujours, nous serons
Ronds.

Qu'un gouvernant
Aille à Gand,
Troquer, vendre en normand
Les gloires de la France;
Nous, dans nos chants,
Libres, francs,
Faisons mille serments
Pour notre indépendance;

Au cabaret, gais biberons,
Venez boire
A la gloire
De nos auteurs francs et lurons,
Et comme eux, toujours, nous serons
Ronds.

Avilissez,
Flétrissez,
Courbez-vous, abaissez
Notre honneur et nos armes,
Prosternez-vous
A genoux,
Ne gardez que pour nous
Les affronts et les larmes.

Au cabaret, gais biberons,
Venez boire
A la gloire
De nos auteurs francs et lurons
Et comme eux, toujours, nous serons
Ronds.

LES ADIEUX.

AIR : De Geneviève de Brabant.

COMPLAINTE.

Il est parti, ce pasteur plein de charmes,
Pasteur vraiment digne de nos regrets ;
Pleurez, chrétiens, versez, versez des larmes,
Pleurez, pleurez sa perte à tout jamais.
Dévots, dévotes,
Bigots, bigotes,
La larme à la l'œil,
Portez, portez son deuil.

Il nous aimait, et le bon Dieu sait comme
Nous l'aimions tous du plus sincère amour ;
Qu'il était bon, ce pieux et saint homme,
Qu'il fit du bien, la nuit comme le jour ;

Amant, maîtresse,
Avec ivresse,
Aimaient de cœur
Cet aimable pasteur.

Il rachetait de l'affreux purgatoire
Tous nos parents qui jadis ont péché ;
Il nous vendait, la chose est bien notoire,
Ses oremus tout au meilleur marché.
Messes, prières,
Chants funéraires,
On le sait bien,
Etaient presque pour rien.

Il nous damnait, disent les incrédules ;
C'est un méchant, s'écrie un libertin,
Ses actions n'étaient que ridicules ;
Il brocantait l'autel et le lutrin.
O ! race impie,
Qui l'a flétrie,
Au doux Seigneur,
Confessez votre erreur.

Il mérita d'un chansonnier l'hommage,
Et son grand nom rima dans tous ses vers,
Il fut chanté dans la ville, au village,
L'évêque seul prit cela de travers.
Oh ! chose étrange,
Il nous le change ;
Ah ! monseigneur,
Quelle erreur, quel malheur.

PREMIÈRE CHANSON.

A MA FEMME LE JOUR DE L'AN.

AIR : Silence, ciel, silence, terre.

Un nouvel avenir s'éveille,
Et déjà le passé s'enfuit :
L'airain vient de sonner minuit,
A mes accents prête l'oreille;
Reçois, reçois de moi,
Dans ton modeste asile,
Mes souhaits, mes vœux et ma foi. (bis.)

Tous deux de la même famille (1)
L'amitié conduisit nos pas ;
Bientôt l'amour t'ouvrit ses bras,

(1) Cousin germain.

Tu le compris, je fus tranquille,
Je ne vis plus que toi
Dans ton modeste asile ;
Et toi tu me donnas ta foi. (bis.)

Sous le toit d'une humble chaumière,
Tu développes tes vertus,
Tes travaux, tes soins assidus,
M'enchantent, je suis heureux père ;
Tu n'adore que moi
Dans ton modeste asile,
Car tu sais respecter ta foi. (bis.)

Heureuse épouse, aimable mère
Reçois l'hommage de mon cœur ;
Je goûte avec toi le bonheur,
Pour toi mon amour est sincère ;
Viens donc auprès de moi.
Dans ton modeste asile,
Viens me renouveler ta foi. (bis.)

SOPHIE.

AIR : *Du carnaval de Meyssonnier.*

Je m'endormais sur une chansonnette,
L'esprit rétif, avec Phébus brouillé ;
J'allais quitter lyre, luth et musette,
Quand les amours m'ont soudain réveillé ;
Je reconnus tous ces dieux du bel âge,
Longtemps jadis ils m'ont fait tressaillir ;
Mais à Sophie il me faut rendre hommage (bis.)
Au jour de l'an je le lui dois offrir. (bis.)

Je m'endormais, rêvant un autre monde,
Semé d'épis, de fleurs et de lauriers ;
Sous l'étendard d'une vierge féconde,
Vont se ranger princes, sujets, guerriers ;
Que de grandeur j'aperçois sur la plage,
Que de petits là-bas je vois grandir ;
Mais à Sophie, il me faut rendre hommage (bis.)
Au jour de l'an je le lui dois offrir. (bis.)

Sous ce doux ciel que l'avenir éclaire,
Mes chants heureux prennent un libre essor ;
Aux doux échos que redit ma chaumière
Se mêleront des sons plus doux encor ;
Le vaisseau vogue au milieu du rivage
Il vient chez nous conduit par le zéphir ;
Mais à Sophie, il me faut rendre hommage (bis.)
Au jour de l'an je le lui dois offrir. (bis.)

Dans ce beau rêve il se peut que j'oublie
Ce que je dois à de nobles vertus;
A l'amitié que mon cœur déifie,
Je refusais mes vœux et mes saluts;
A d'autres dieux j'offrais un vain langage,
Mon cœur distrait leur donnait un soupir ;
Mais à Sophie, il me faut rendre hommage (bis.)
Au jour de l'an je le lui dois offrir. (bis.)

LES OISEAUX.

AIR : Maudit printemps, reviendras-tu toujours? (BÉRANGER.)

Charmants oiseaux de ce bocage
Qui chantez de nouveaux amours,
Votre gaîté, votre ramage,
Nous annoncent de plus beaux jours;
Vos accents, que l'écho répète,
Eveillent mon doux souvenir;
Mon âme est toujours inquiète;
Mais vous chantez un heureux avenir.

Pour vous, la riante espérance
Ne trompe vos joyeux desseins,
Jamais une injuste opulence,
A prix d'or ne met vos destins ;
Sur les maux de votre patrie,
Votre voix n'a pas à gémir,
Votre gloire n'est point flétrie
Quand vous chantez un heureux avenir.

A l'homme on suscite des peines,
Partout on lui rive des fers,
Et vous, vous riez de ses chaînes,
Des ses plaisirs, de ses revers;
Foulant sous vos pieds le feuillage
Agité par un doux zéhyr,
Puis libres dans votre langage,
Vous lui chantez un heureux avenir.

Heureux si la simple nature
De l'homme conduisait les pas,
Hélas ! il s'afflige, il murmure
Contre des biens qu'il n'obtient pas;
Il pleure sur plus d'un outrage
Fait à son triste souvenir;
Sombre, il gémit dans l'esclavage
En attendant un heureux avenir.

FIN.

TABLE DES MATIÈRES.

FIN DE LA TABLE.

www.ingramcontent.com/pod-product-compliance
Lightning Source LLC
LaVergne TN
LVHW020345230826
846091LV00003B/998